文芸社セレクション

教師を体験して

石井 克亮

ISHII Katsusuke

文芸社

目次

学級担任は担当学級を常に把握しておくこと

——養護教諭の指導を受けて

私は初めて教師になり、新米ということで副担任か学級と直接関わりのないどこかの学年に配属されるだろうと思っていた。

ところが初めて教師になった私に、学校長から行成《いきなり》三年生の担任を任命された。

なんの経験のない私は断ろうと思ったが、任命されたからには断る事はできないだろうかと先輩教師に話してみた。すると相談にはいくらでも乗るから、と言われ思いきって受けることにした。

私は二十代、三年生とは年の差のない兄のような教師。どう乗り切ろうかと不安だったが先輩教師が私の辞典と割り切り心をきめた。

さて新学期が始まり四月行事の身体測定の日がやってきた。

何も知らない私に養護教諭から、学級担任は自分の学級の身体測定に立ち合い、私に体重測定するよう指示された。

男子生徒の測定が終わり、自分の役目は終わったと思い場を離れようとしたら、養護教諭から「出ないで、女子の測定もやってもらいます」

とのことで私はためらった。当然女子生徒が入ってくるや、キャーとわめいた。が養護教諭は生徒をきびしく叱った。

終わってから教諭から一言、学級担任は常に自分の担当生徒の様子を把握しておかなければならない、と！　同じ言葉を先輩の男性教師にも言われた。

現在の教育現場はそれらがゆるされない時代になっている。結果、生徒を知らない教師が育っている。

いつか仕返してやると体づくりをした生徒
――三十年後同級会で初めて明かされたイジメの実態

イジメが大変大きな問題になっている。よくイジメは昔からあったといわれる。確かに昔から繰り返し、今もそれが絶えることがない。むしろ増加している。

私も体験こそなかったが、同級生が先輩からグラウンドの誰でも見える所でイジメを受け泣いている様子を見受けることがあった。しかも同じ生徒が度々であった。なぜその生徒だけがと思っていた。しかもその同級生は成績も良く学級委員でもあり数学の授業が終わると先生と黒板の前で問題に対する解き方について納得のいくまで詰め寄る生徒だった。私が一目も二目も置いた同級生だった。

イジメは昔からあったというが、時代によって受けた生徒のとらえ方も違うようだ。

社会から先生はイジメの兆候は把握できるはずだといわれるが、今は巧みに行動し、まして中学生になると容易に実態を摑み取ることが困難である。

私はイジメを受けた生徒はこんなに屈辱を体験しているんだということを、私の学級や私の教科担当学級にも時には担当外学級にも特に若い教師の学級（学活、道徳）の時間を頂き、私が実際に担当した生徒の取った行動の二つの例と、私が父から読むようにと渡された、イジメを受けそれをバネに克服した体験を綴った著者の例である。

いつか仕返しをしてやる！

私に一通のハガキが届いた。それは同級会の案内状だった。何年ぶりかなあと思い振り返ると私の新卒当時二十代の頃担任した生徒の案内だった。その生徒達はもう四十代、立派な成人である。早速出席の返事を送った。

そして当日を迎え遅れないようにと会場に向かった。すでに熟年となった数人が互いに会話をしていた。会った時には当時の面影のある者、全くわからない者と接し戸惑いを感じた。四十歳を過ぎた立派な紳士淑女だった。出席者の中に逞しい体つきの生徒の姿が目についたが、どうしても思い出せず、私の近くにいた生徒にあの生徒は誰かと尋ねた。名前を聞いて思わず「えっ、あの生徒が！」と声が出た。

体付き、顔付きが中学時代とあまりに違って見えたからだった。しかもその生徒が中学一年生の時、お父さんが大工業で私は四段構えの本立てを注文して作ってもらい、完成した本立てを小柄な体で背負って、家から離れた高台にある寺の下宿先まで喘ぎながら運んで来た生徒とは想像もつかない姿だった。

私は今もその本立てを愛用している。さて前置きが長くなったが、やがて宴会の時間になり上座の中心に案内された。左隣にたくましい体付きの生徒が座った。全員が座り終わるまで時間があったのでその生徒に尋ねた。

中学時代から想像し得ない体だがどうしたの？　生徒は、先生は知らなかったと思うけれども俺は中学の時さんざんイジメられ、小柄な体では太刀打ちできなかった。いつか「力」で仕返ししようと体づくりをしたという。私はしばらく言葉が出なかった。やがて開会の時間になり幹事の乾杯の音頭により宴会が始まった。

私は会が盛り上がる中で、再度尋ねてみた。これから仕返しをするの？　即座にしません、と返ってきた。私は火に油を注ぐようなことを聞いたかなと思い内心胸をなでおろした気持ちだった。又理由は聞く必要もなかった。四十代になりできない理由があったからだ。家族取り分け子供達の存在を意識したようだった。

私は体付きを見て屈辱感の大きさをしみじみと感じとった。

イジメられ自分に勝ち人生を克服した博士号
勝ちたいと叫びつづけた
背は小さく学業はクラス最低だった少年
——親から勧められて読んだ体験談

これは少年時代にイジメを受け、それを糧に自分の生き方を変え、林業を専門に研究し博士号を取得した人生を記した著書だ。

私が中学校二年生の夏休みのことである。暑さもあり何もする意欲もなく天井板の節の抜け穴を眺めながら寝ころんでいた。そこへ父が通りかかり、突然「朝からゴロゴロして」と怒鳴り、自分の部屋から持ってきた本を私の寝ている耳元へ投げつけ「ゴロゴロしている暇があったらこれでも読んでみろ！」と、一喝して仕事に出て行った。

父が出掛けたあと見てみると、表紙が板張りかと思う程厚くて重かった。開いてみると文字ばかり、しかも漢字が多く読む気にならなかった。でも、よく見るとどんなやさしい漢字にもフリガナがついていた。目次を見ると分厚い一冊の物語ではなく何人かの著者が書いたものだった。目次の中程に目を引くものがあった。それは著者自身が体験した出生から大人に至る試練を綴ったものだった。

それは「私は小学校（当時は尋常小学校）で度重なるイジメを受け何

時か必ず仕返しをしてやると心に誓った」という見出しであった。

著者（名前は記憶にないので申し訳なく思っている）が誕生時、大変な未熟児として生まれ当時の医療では助かるかどうか危ぶまれた。

両親も諦めていたようだった。しかし医師の献身的な努力によって、生命だけは助かり少しずつ成長はしていたものの、その未熟の様子はどうしても普通の子供と違い誰が見てもこの子はと思われる程、成長の変化のない位虚弱な体形に育っていった。

そして小学校一年生の入学式を迎え並んでいる同年の児童と比較し、まともな学校生活ができるかを、両親は心配した。

その心配が的中し、一年の後半頃からイジメが始まった。初めは虚弱な体つきから始まり、学年が進むごとに学業成績のことでイジメが更に激しくなっていった。

少年の学業成績は学年でも最下位で、二年、三年と進級しても成績の評価は最下位で、親も担任も仕方がない存在として扱っていた。

四年生の春の出来事だった。農家は田植えの季節に入り、どの水田も田植えのできる状態に整地されていた。少年は友達もなく農道を家に帰ろうと一人で歩いていた。その時誰かが後から走って近づいてくる音がするので後ろを振り向こうとした途端、体当たりされ少年は前にのめるように倒れた。当時の道路は田舎道でもあり当然舗装道ではなく、砂利の敷かれた道でその上に両手を滑らせ、手の平が角張った小石で切れ血がにじみ砂利が赤く染まり、全身を震わせ泣き叫んだ。

少年は血のにじんだ手を握り泣きながら、勝ちたい勝ちたいと何度も繰り返しながら叫んだ。

立ち上がり嗚咽しながら手や服の汚れ泣き顔を洗った。肩に掛けていたカバンは弾みで飛んで、田植直前の田圃の中に落ちていた。

少年はズボンを捲り田圃に入り、カバンの中には泥水が入り教科書も泥で汚れていた。

カバンを川に持っていき、カバンの中の泥を洗い流し、泥で汚れた教科書一冊一冊を水で濯ぎカバンに入れ家に帰った。

家に帰るやお母さんは少年の姿を見て、どうした！　と大きい声で問い詰めた。少年は勝つという強い信念から決してイジメられたとは一切言わず、自分で誤って川に嵌まったと押し通した。

少年は過去のイジメも、登校を嫌がることは家では一切口にすることはなかった。

お母さんは様子から納得できない表情だった。

家に入り窓から空を見上げながら、勝ちたい勝ちたいと心に誓いながら自分の不甲斐なさをかみしめていた。

勝つ為には何があるかを考えたが思い浮ぶものは見つからなかった。喧嘩で勝つか、勉強で勝つかの二つを考えた。がひ弱な体力、毎学期貰う最下位の成績ではとても勝てないと悩んだ。しかし今考えられる方法は勉強しかないと判断し、その時、もう一度一年生に戻ることを思いたち、お父さんに「お金頂だい」と言った途端、何に使う！　と怒り声だった。少年は問題集を買ってくると答えると、何の問題集だ、算数の問題集と答えた。お父さんはお前がか！　と驚きの表情だった。親から見たら、もはや先行きの見えない人生であろうと諦めていた。その少年の言動にびっくりした。

しかしお父さんは少年の厳しそうな様子を見て、よし買ってきたら封を切らずに俺に見せろ！　とお金を渡した。少年は書店へ行き望んでいた参考書を買い封を切らずにお父さんに渡した。どら！　と奪い取るようにし、ページを捲っていた途端！　何だこの問題集は！　と叱り全部答え付きではないか！　問題集は全部赤で答えが印刷されていた。

少年の考えた手段は、どうしてこの赤で印刷された答えになるかを発見することだった。

問題集は単元ごとに例題として答え方がありその例題を徹底してひもとき各問題をどうしたら赤字の答えを導き出せるかだった。

例題を日数を費やし研究し、問題集の一つ一つをクリアすることに成功し、この成功感が全教科に波及し学習の面白さを体感し最下位だった成績も向上し、小学校卒業時には学年の中で選ばれる成績優秀賞、そしてイジメられても一度たりとも欠席したことがなかったことで皆勤賞を代表として呼ばれ起立した時少年の後部座席から「アイツが」と声が少年の耳に聞こえた。

その後少年は向学心に燃え、高等学校、大学と進み林業を研究し林学博士号を取得し活躍した。

最後にイジメはあってはならないが、もし自分にイジメがなかったら今どうなっているだろうとしみじみ過去を振り返っていたようだった。

このイジメ問題は古くから見られた。近年その増加の傾向が見られ大きな社会問題になっている。私は長年教師をやってきた中で現場を発見することはなかった。

生徒から相談があった時は即対応するよう心掛けてきた同時に、自分に強くなることを指導してきた。

私には毎年カレンダーを届けてもらう会社がある。月ごとのカレンダーを捲るとカレンダの左側に今月の指針という項目がありそこにこんな指針があった。

「他人に勝つ必要はない。自分に克つのだ」

という指針だ。

今は残念ながら自分から命を絶つ者が増加している。私は教師時代、実際にあった自分に勝った実践例をできるだけ多くの生徒に、学級担任から時間をもらって学級担任も参加してもらって講和していた。

講和を終わり教室から出て教務室にもどり自分の席に着いたら、私の後ろに二名の女子生徒がやってきて私がどうしたと尋ねると一人の生徒が「先生又話をして下さい。同じ話でもいいいので」と願いに来たことが今も忘れることができない。

ところがこれが校内の話題になり教頭先生から私に若い先生方に話してもらえないでしょうか、と言われたことがあり、私は思わずこれは生徒向けの話です、と断ったことを今になって後悔している。

決闘で勝つことで校内秩序を守ろうとした生徒会長

赴任して三年目二十五歳の年だった。一年、二年、三年と担任をした。三年目の秋の季節に入ろうとした放課後私の学級の生徒が私が事務室で帳簿の整理をしている最中私の所に近寄り、先生決闘しますと言ってきたので即座に何バカなことを言っていると叱った。しかもその生徒は全校の代表である生徒会長だったので驚いた。生徒の表情は緊張した様子だった。

私の所へ来たのも学級担任でもあり生徒会の顧問を担当していたこともあったと思う。

そこで私は生徒会長の立場でありながら余程の理由があったのではと、その真相を聞いたところ生徒は怒りを表すように、先生あんな奴が学校中迷惑掛けているようでは責任もてません。

実は僕は彼等に顔が腫れる程殴られました。

あいつは親分的存在で三年生の一部と一年二年の子分を従えています。

俺はその子分の集団に、親分の見ている前で殴られこれ程くやしい思いはありません。

私は勝つ自信はあるかと尋ねると、ないですと言う。他の生徒達も困っています。けれど誰も何も言うことはできません。絶対勝ちたいですと言うので勝ちたい気持ちはわかるがどうやって勝つつもりかと尋ねると実は仲間を集めようとしたのだけれども誰一人加勢してくれる生徒はいません。じゃどうすると尋ねると、突然、先生仲間を集めて下さいとのこと。私は教師が決闘の手助けとなると大変なことになりはしないかと一瞬ちゅうちょしたが、生徒の真剣な眼差しを見ると生徒の気持ちを裏切ることができず又信頼も得られなくなると思い、困惑したが「よしわかった。お前すぐ何も言わないで三年生に先生が急な用があるから集まるように」と指示した。

その後三〇分程時間が経過したと思う。

彼が教務室にやってきて、先生集まりました。何人集まった、と聞くと、六〇人位かと思います。

よし、ということで集まった教室に行くと畳の教室（古い校舎で畳の教室が残っていた）で彼が言う人数の三年があぐらを組んで集まっていた。

そこで会長に、集まった趣旨について説明するよう指示したが、俺だめです。先生話して下さい、というので代わって生徒会長のこれまでの経過や思いを説明しどうだろう相手もある程度の人数が居るかと思うが、決闘に加わってもらえないだろうかと話した。が、しばらく沈黙が続いた。

その時一人の生徒がよしやろうぜと声が上げ、同時に六〇人全員が賛同の声を上げた。

本来は六〇人全員が生徒会長の思いでいたのではないかと思った。

一人ではできないことを全員だと心強いものがあったのではないかと思った。

全員の決起に圧倒され、ついありがとうと会長の代わりに礼を言ってしまった。

さて、ここまで手順を組んだものの実際集団決闘になったら、と思うとこのあとどうもっていったら良いか生徒ががやがやいって解散しないうちに次の手を打たなくてはと考え「即」次の課題を提示してみた。

大きい声で、みんなにお願いあるのだが、と話し掛け、おだやかな声で、勝つための手段として棒や刃物等の凶器類は一切もたないこと、もし勝ったとしてもそれは勝ったことにはならない、かえって相手に恨みを与えることになるぞ！

逆に君達が持たなくとも相手が持ってくるかも知れない、学校の校舎やガラスの破損位は責任もてるが万が一相手の凶器によって怪我程度はまだしも、それが、命にかかわることになれば、とても責任どころではない。どうだろう、互いに恨みや取り返しのつかない状況にならないように、相手の親分と話し合うという方法は考えられないだろうか、みんなで良い方法を話し合ってはどうだろう。

生徒達に伝え、私は教務室に居るので結果がまとまったら知らせてもらえないかと席ははずした。

それからやはり三〇分位経過しても連絡がないので集まった教室に行って見たら、なんと教室には誰も居ない。私は思わず決闘やっているな、と取り乱し教務室にもどり、私の隣席の先輩教師に事の起こりを説明し、校舎内を探し回った。たまたま音楽室が普通教室と離れた所にありその教室に大勢で集まっているところを発見し、一人の生徒を呼び今何をしていると尋ねたら話し合いしています、とのこと。何よりもほっとした。

そして親分の反応は、と尋ねると、俺の悪いところがあったら言ってくれとのことで決闘しなかったそうだ。そのことが救いだった。

もし最初から先輩教師に相談していたら、当然止めさせるだろうと思った。

他の職員に話さなかったことが、徒に不信感を与えずに済んだのではなかったかと思う。

後日生徒会長に、「なぜ」決闘の相談を持ち掛けて来たのかを聞いてみた。会長は先生なら一番若いし俺達の気持をくみ取って良い手だてを指導してくれると思ったという。

親分だった子は、警察に厄介になった生徒ではあったが、中学校を卒業して数年後、私が町のショウウインドウを見ながら歩いていると、突然道路を挟んだ反対の歩道から、私を呼ぶ声がして振り向くとその生徒だった。女の子と肩を並べて、人の通る中で「先生、中学時代はお世話になりました」人通りの中、大きな声を掛けられたことが印象に残っている。

イジメは、受けた生徒にとって恨みをもって何らかの形で強い信念で貫ぬこうと心に誓い実践しているのだと、しんみりと聞かせる機会がもてたのは良かったと思っている。

そして、うなずきながら聞いてくれた生徒の様子も見えた。

更に話して良かったと思う出来事があった。私が終わりのチャイムで教室を出ようとした時、当時三年生の一人の女子生徒が私を呼び止めた。女子生徒のお父さんはPTAの会長を担っていた。大変ハキハキした女生徒で、先生、私の弟が来年中学に入学します。その弟達の学年の生徒にも今日の話を聞かせて下さい、というのでわかったよと返事をした。

又長年勤務した学校で、新たな学校に転勤となり、転勤先の二年生にも話をする時間をつくり生徒達に語った。終わって私が教務室に戻り事務整理をしていると、私の後に二人の女生徒が立っていた。何か用かなと尋ねると二人は口を揃えるように小さな声で又お話を聞かせて下さいと言うので、私はもうそんなにないよと言うと同じ話でいいですと言う。私はやはり女子にはそんな状況が多いのかなと思いながら、よし又時間を見つけて話してみようと返事をした。その後時間が取れなく、約束しながら二人は卒業してしまい悪かったと反省している。

料金受取人払郵便

新宿局承認

7552

差出有効期間
2024年1月
31日まで
（切手不要）

郵便はがき

1 6 0-8 7 9 1

1 4 1

東京都新宿区新宿1－10－1

(株)文芸社

愛読者カード係 行

お名前《ふりがな》			明治 大正 昭和 平成 年生 歳	
ご住所《ふりがな》	□□□-□□□□		性別 男・女	
お電話番号	（書籍ご注文の際に必要です）	ご職業		
E-mail				
ご購読雑誌（複数可）		ご購読新聞 新聞		

最近読んでおもしろかった本や今後、とりあげてほしいテーマをお教えください。

ご自分の研究成果や経験、お考え等を出版してみたいというお気持ちはありますか。

ある　ない　内容・テーマ（　　　　）

現在完成した作品をお持ちですか。

ある　ない　ジャンル・原稿量（　　　　）

書名			
お買上書店	都道府県　　　市区郡	書店名	書店
		ご購入日	年　　月　　日

本書をどこでお知りになりましたか?

1.書店店頭　2.知人にすすめられて　3.インターネット(サイト名　　　　　)

4.DMハガキ　5.広告、記事を見て(新聞、雑誌名　　　　　)

上の質問に関連して、ご購入の決め手となったのは?

1.タイトル　2.著者　3.内容　4.カバーデザイン　5.帯

その他ご自由にお書きください。

(　　　　　)

本書についてのご意見、ご感想をお聞かせください。

①内容について

②カバー、タイトル、帯について

弊社Webサイトからもご意見、ご感想をお寄せいただけます。

ご協力ありがとうございました。

※お寄せいただいたご意見、ご感想は新聞広告等で匿名にて使わせていただくことがあります。

※お客様の個人情報は、小社からの連絡のみに使用します。社外に提供することは一切ありません。

■書籍のご注文は、お近くの書店または、ブックサービス(0120-29-9625)、セブンネットショッピング(http://7net.omni7.jp/)にお申し込み下さい。

バンザイ塾のお陰だぜ！　本来の学校の姿は何だろうか！
詰め込み教育が叫ばれているが
塾通いで尚一層詰め込み教育が行われている

当時の中学三年生は、三月を迎えると受験シーズンの到来だった。私は最後の勤務校で進路指導主事を担当し、三年生には万全の態勢で受験に望むよう指導指示を与えた。そして受験の当日がやってきた。受験生は高ぶる気持ちを抑え答案に挑戦していた。全日程が終わり引率教師の姿を見て不安が隠しきれない様子だった。

数日後合格発表があり、それぞれ自分の番号の確認に必死だった。私も各校の生徒の様子を見にいったらバンザイの声が聞こえた。

それから合格者同士が喜びの表情を抑え切れない様子だった。教務室に入るや担任に合格しましたの声。と、その時一人の男子生徒が思わず、「バンザイ塾のお陰だぜ」と声を大にして叫んだ。

私が教職に就いた若い時代には学級担任、教科担任そして教務室内にいる全職員にお陰様で合格しました、の挨拶が見られた。今は塾の時代で生徒にしてみれば学校は受験の手続きをしてもらう場になっているようだ。

しかも担任から高校へ行ったらどうすると尋ねられ、生徒から出てきた言葉は！　俺高校へ行ったらうんと遊ぶよ！　の一言だった。

学校五日制の問題点

学校行事から育まれた生徒「学習苦手生徒の活躍」

①学校行事から育まれた生徒　学習苦手生徒の活躍

学校五日制により、かつて実施された学校行事が削減され、又実施されても、文化行事、体育行事のどちらかを行わない、両方実施されても規模を大幅に縮小し生徒の活動範囲が見られなくなった。

このように隔年ごとや規模の縮小は主体的に取り組もうとする生徒にとって、次年度に生かす足掛かりがつかめずより発展した計画ができない。

諸行事を通して生徒が主体となって活動する場で、学習面では苦手な生徒ほど嬉々とした活動の姿が見られる。

生徒が主体とされる行事に取り組むためには、中心となる存在の生徒が必要になる。体育的行事や文化的行事等、活動内容によって向き不向きがある。

学級でその中心になる人物を選ぶに当たって誰が適任か学級の生徒は

よく知っている。

選ぶにあたって個人名を上げるだけではなく、適任理由を指摘する。選ばれた生徒は学級から理解してもらえたことで、自覚と責任をもつようになる。

活動の責任という立場から、仕事の段取りについて判断を仰ぐことになり指差してくれる、これが自信につながり次のステップに結びついていて、実際これがきっかけで荒れる一歩手前の生徒が誇りをもって全員に認められたという気持がみなぎり一生懸命に取り組んだ例もある。私は最初一人の生徒の判断で生徒の名を指名した時は大変な生徒を選んだものだな、と内心不安を抱いたが、大きな間違いだと気づいた。

私は、これまで体験した生徒と共に取り組んだ行事で、各々個性ある活動が目を見張る程嬉々として取り組んでいた行事を上げてみたい。

文化的行事は、二日間の日程で、展示部門、演劇部門「生徒による演劇、職員による演劇」である。

体育館は暗幕を張り暗くし、カラー照明で立体感のある装置で照明係は生徒の手に委ね、文化行事は、生徒は勿論父兄や地域の人達は「今年の生徒の演劇は、職員の出し物は」と最も感心をもち期待している行事の一つだった。

体育行事はいろいろな種目の中で父兄や地域の関心は、生徒と職員の仮装大会で、生徒のアイデアは最高のものだった。

校内弁論大会、地域大会まで発展していく行事であり、学級内発表で人選、校内発表で代表を選び、地域大会へと段階を得る。

私は今も忘れられない三年生の男子の弁論だ。「法治国家と犯罪」という演題で全校の前で時には演題を拳でたたく程の熱弁ぶりは印象に残っている。

大会終了後は各教室で最も感動した論旨の感想を書かせ、そこから地域大会選出の参考にしている。

人前で自分の考え、意見が主張できる機会がもてることは、今増加傾向にあるイジメも論旨の題材になり、全校生徒に考えさせる良い機会になると思っている。問題が起こってからの対策ではなく、毎年学校行事の取り組みから取り上げられる可能性があると思われる。

校内科学研究発表、毎年夏休みになると一人一研究という課題が設定される。これは郡単位の発表までつながっている。

二学期に学級発表し選考され、全校発表し最終的に二~三名が選出され郡大会へとつながる。私も理科を担当していた関係で生徒達は毎年夏休みの時期になると、今年は何を研究しようかな!と思いをめぐらしている。中には二年がかりで研究を重ねている生徒もいたのは感心であった。

最近理科離れが叫ばれているが、このような機会をどんどん削り個性のない人づくりになっていくようで残念に思っている。

②教師と掛け離れて来た生徒　信頼感の喪失

平成五年発行の文藝春秋で、ほんとうにゆとりでいいのかという題で慶應義塾大学教授の榊原英資先生と文部科学省事務次官の対談が掲載されていた。対談の中で榊原先生は日本の学習時間は先進国でも最低レベルである。これ以上授業時間を減らせば日本は世界から取り残されると強調されていた。それに対して事務次官は時間の削減については五日制実施に当たってやむを得ない、世界の流れですからと述べていた。

私も榊原先生の意見には大いに賛成である。授業時間の削減は教科の時間だけが減るだけではない。人格を育むことや、相談、指導、援助を生徒達が納得するまでには時間を要する事柄が多々ある。「時間がないから、今忙しいから後にしてくれないか」と言うと、この後は生徒達が来ることはない。

私は五日制導入にあたり、最初移行期という隔週五日制が実施されてから生徒の様子の変化に気づいた。あれ程近づいてきたはずの生徒達が心なしか遠くから見ているような気がした。完全五日制になってから信頼関係の希薄さがはっきり見えてきた。そして同時に生徒間のつながりの希薄さも表れてきた。

自分でもいつしか粗雑な対応をしていたのかと気づいた。しかし考える余裕さえなかった。それが今の教育現場になっている。

生徒にとって些細なことがむしろ大きなことに発展し、取り返しのつかないことになってしまった事例もある。後になってあの時点で早く対応しておれば、と後悔することもあった。

こうして生徒との距離が薄れ生徒の中に溶け込む機会がなくなり、生徒も教師に相談しても何の解決にならないと悟り、困ったことや悩みに突き当たると誰にも相談できず、自分の都合の良いように決断する。しかもそれは、テレビや新聞等で報道される事件や事故等からヒントを得て解決の糸口を見つけ出す。つまりマスコミ報道が相談の対象になっているようだ。

俺、何のために勉強しているかわからねえぜ

——勉強に目的の見えない生徒会長の嘆き

放課後の清掃活動の時間が始まった。私も生徒と一緒に私の担当教室を掃除した。みんな、もくもくとよくやってくれる班だった。終わると学級担任にも今日も大変良くやってくれましたとその都度報告し終学活には褒めるように伝えていた。

ある生徒が清掃時に、突然張りさける大きな声で「なあ、みんなさあ！　俺何時も思うんだけれども何の為に勉強しているかわからないぜ」と叫んだ。それに口を合わせるように二、三人の生徒が俺もそうだぜ、と言いながらも、高校受験のためだろう！　と、返す生徒もいた。

その生徒は納得いかないようだった。彼は二年生、次年度の生徒会長に当選したばかりだった。

私はその場で口を出すことを抑えながらこれは場合によっては多くの生徒が抱えている問題ではないかと思った。

当然家庭では、良い高校、良い大学、良い会社に入らないと、と諭しているかと思う。これは一般的に言われていることだと思う。

だがその意味が、子供達にとってどういうことなのか体験がないので理解しにくい。体験があってこそ良い悪いが判断できるのではないかと思う。子供達を単にけしかけるような表現で子供の将来を安じても、諭されるからこそ承知はしてはいるがどうしても疑問が先に立つ。

実際私も勉強の必要性を説く自信はない。そこで体験のない子供を引き出すためにはどうすれば良いかを考えてみた。今の段階で何か困ったことに遭遇した体験があるはずだと考え、こんな質問から切り込んでみた。

叫んだ生徒会長の学級で教科指導の時間を取って、内容は問わないが、過去、今現在で困ったことや悩みをかかえている者は、と尋ね、挙手してもらったところ、四十名中五名から六名程が手を挙げてくれた。そして更に同じ質問を私の教科を担当している一年〜三年生の学級でも質問してみた。学級・学年によっては十名近い生徒の挙手があった。尋ねた限りでは特に高学年にそして女子に多かった。

更に、困ったことや悩みを解決できた者、と尋ねてみた。一人か二人位でほとんどの生徒は胸の中に抱え込んでいる感じがしてならない。

又支障のない限り困り事や脳み事を打ちあけられる者と尋ねてみたが当然学習関係の悩みであり想定通りの内容だった。

即ち他人に相談できる内容は解決されているが、できない内容程解決の道は閉ざされているようだった。

話せない！　解決できない！　とじれったい試練はこれから大人の世界に入るに従ってより多くの事柄が身にせまってくる。相談できないもの程、自分で決断し解決しなければならないだろう。その為にも勉強は必要である。

特に小学校・中学校の基礎をしっかり定着させることはより正しい判断力をもって解決の道に進むことができる。

私が中学生の時、三十代位の大人が自分に困ったことに遭遇したのだと思う。思わず、俺こんなになるのだったら小学校、中学校の時もっとよく勉強しておけば良かったなあー、と自分の不甲斐無さを嘆いていた。

そこで生徒達に、家へ帰ったら両親に聞いてごらん、小学校・中学校の勉強は十分だったか後悔していないかと！

勉強は読み解く知識だけではなく、困ったことや悩み等生きていく為に必要なヒントを得ることができるよ！　と話した。

このような悩みを成績の良い生徒程、疑問をもっていることにおどろいている。

お母さんの願いを裏切った長男

——「先生うちの子にあまり勉強しないように言って下さい」

先生、うちの子にあまり勉強しないように言って下さい。

新年度を迎え公務分掌の発表で一年生担任を任された。春の家庭訪問で男子生徒のお母さんの願いでした。

家庭は農家で家族はお母さん、私の担任した長男、妹の三人で、お父さんは病気のため若くして亡くなり、すべてお母さんの手にかかっていた。

いろいろと学校生活を伝え、家庭での様子を尋ねようとした時、突然、先生、と言うのでなんでしょうか、とその時、うちの子供にあまり勉強しないように注意して下さい、とのことで本心驚きでした。ほとんどの親はもっと勉強するように叱ってほしいという願いだが、お母さんの話からすると、お父さんの亡き後は農業を続がせるのが夢なのに勉強に片寄り過ぎる、と体が心配のようだった。生徒は小柄なタイプでお母さんの期待に添えるかどうかが、心もとなかったとのことだった。

お母さんが不安をいだく程の勉強ぶりは私も驚くほどでした。

毎朝早めに起床し、朝食前に一日の学習の予習する。朝食はきちんと食べ、家の手伝いをし時間には登校、部活動は卓球部、下校後は一日の学習の復習。家の手伝い、夕食後は又学習、を毎日の繰り返しとのこと。お母さんよりの心配していることを話すと、本人は平然と笑いながら、心配ないです、家の跡はちゃんと継ぐからとの返事だった。

小学校より送られてきた成績表は中位程度の評価だった。なぜそんなに勉強する気になったかと尋ねると、一つの疑問に出合った。数学の時間に先生の問題の解答を通してどうしても理解できなかった。先生が解説する程疑問が沸いてくる。そこでこれは自分で見つけ出してみようと、小学校の算数にもつながりがあるのではと自分なりに判断し、見つけ出し、それが数学の学習のやり方に発展したようだ。

その成功感が学習の面白さにつながり、全教科に波及し、朝は予習、下校後は復習、夕食後は又勉強を、と習慣化したようだ。

原点に戻れというが、この本でも紹介したイジメを受け四年生の後半に立ち上がって、学習に勝つことで取った行動は、小学四年生としては考えられない、原点に戻って勝ち取った博士号も同じ共通点が見える。

私はその生徒を担任した翌年に他校へ転任することになり、その生徒の消息は途切れた。その十五年後偶然当時の同級生と会い即座に出た言葉が、その生徒の存在だった。尋ねると、彼は普通科高校を受験し卒業後東京大学に進学しその後の消息は摑めていない、とのことだった。生れ育った住まいは今はないのではないかと思う。

まさにお母さんの願いを裏切った少年だった。

私は当時二十八歳。三年生の卒業後の動向は四十五人中高校進学は十名か十数名位で他は中卒で家の手伝いか働きに出たいわゆる集団就職の全盛時代。新幹線のなかった時代で集団列車で夕方出発—朝方上野駅まで引率した当時が思い浮ぶ。

『人生の師「一期一会」をどう生かすか』
童門冬二先生の著書から
それは二次的なものだ、クラーク博士の教育方針

『人生の師「一期一会」をどう生かすか』、童門冬二先生の出版された著書である。

明治維新後大急ぎで欧米に追いつこうとして、新政府が最も力を入れたとされる一つが産業分野であり、特に農業分野に力を入れ、政府は農業指導者を育てるために札幌に農学校（現在北海道大学）を創り、そこへ教育主任として、ウイリアム・スミス・クラーク博士が招かれた。クラーク博士は、最初は承諾しなかったが日本側の熱意に負け、一年間なら行くと言った。

一年では、という危ぶむ日本側にクラーク博士は、私の教育は他人が二年かかるところを一年で実施すると答えた。

そして、私は農学校で農業の知識や技術を教えるが、それは二次的なものだ。第一に教えるのは「人間の道だ」どんなに知識や技術がすぐれていても人間が卑やしければろくな農産物ができない。

博士は北海道の厳しい冬の寒さの時でも、原野や山を歩かせた。冬の山頂近くで夏場だと手の届きようのない木の上方で珍しい苔を発見し、学生に博士の肩に乗って苔を取るよう指示した。学生は靴を脱ごうとした時博士は学生を叱りつけ靴を脱いだら凍傷になる、そのまま乗りたまえ！　さらに緊張して肩に乗っていた学生に、君落ちるなよ、気をつけたまえ！　と声をかける博士の姿に学生達は感動した。

博士の人間づくりは言葉の教えではなく、学生と共に行動しその行動の中から人間の道を会得させる、即ち相手を思いやる心を育てるにあったようだ。

今、学力の低下が叫ばれているが、人格の育まれた者は自ら学力を開拓しようとする人柄が育っていくのではないかと思う。

テレビ番組の中で日本の十の大罪という項目の中で人格なき教育が上げられたのが印象的だった。

この人格なき教育が大人達のモラルの欠陥を生んでいるのでは、と常に思っていた。

今子供達に何か問題が発生すると、親が問題、と評論家は言われるが、私は親が今の教育の中で問題児として育てられ、又その親も問題児として教育され今の親が誕生している。

モラルの欠陥というが、その親を教育してきたことの欠陥その欠陥を教育された国の教育行政の欠陥につながるのではないか。従って十分な人格教育の欠陥がそのつけを生んだのではないかと思う。

生徒の相談に乗ることのできる教師が少なくなった
というよりできなくなった
先生、今日はどうだね

三年生で、手に負えない男子生徒がいた。

放課後を迎え、全校生徒は清掃時間となり各々自分の担当区域の清掃活動にとりかかった。

私は技術科教室の清掃監督で生徒と一緒に清掃活動をやっていた。そこへ、日頃行動の良くない生徒、服装はダボタボスボン、ワイシャツはズボンから飛び出し、靴はスリッパ履き、タバコは吸う、朝会時は列から飛び出し学年主任が注意すると、うるさい、触るな、臭い、と、罵声を浴びせていた生徒だった。

学級担任は、自分の教室の清掃をするよう促すが逃げるだけで自分の担当教室の清掃活動はすることはなかった。

清掃時間になると毎日のように追い掛けられていた。

ある日の清掃時間に、偶然私の担当する技術科教室に担任に追い掛けられて逃げ込んできた。

私が流し台のパイプが詰まって水が流れ落ちないので「吸引用つまり

取り器」で詰まっている小さな木の屑を吸い上げようとしたが、うまくいかず思案していたところへその生徒がやってきて、どうした先生！状況を話すと、生徒は俺がやってやると、流し台に上がり全身の力を込めて流してやろうとする姿が日頃好加減な行動しかとっていなかった生徒からは想像もし得ない姿が見えた。

次の瞬間、音を立てて水が流れ落ちた。私は透かさず「さすが！と君のお陰で助かったよ」と賞賛し、将来の職業が見えたぞ、と言うと照れていた。

そして、翌日の清掃時間がやってきた。私は今日はこないだろうと思ってたところへ、又その生徒が「今日はどうだね！」と入ってきた。前日と同じように学級担任に追い掛けられていた。担任は私に、うちの生徒が邪魔をして申し訳ありませんというので、私はこの生徒をしばらく引き受けるようにし、生徒の様子を観察することにした。

生徒に私と話し合いしてみないかと問い掛けると意外と素直に応じて

くれた。

特別教室で最初に問い掛けたのは、学校は楽しいか！　どちらでもない、と返答、次は、君はお父さんに叱られたことはないかと尋ねたら、ある！　殴られたことはと聞くと、ある！　で、君はどうしたと聞くと、俺殴り返した、その時お父さんはどうした、翌日から何もいわず黙っていたという。私は生徒にお父さんの気持ちや人との対応、つながり等を話してやり、いろんな面で頑張るように昨日、今日の流し台のパイプの詰まりを解決してくれたのは、先生にとってはすごい大きな成果だったよ、助かった、これからもいろんな面で頑張るように期待しているよ、と話し掛けると、「うん」と二つ返事で学級へ黙っていく姿を見てやはり話し合って良かった、と実感した。

三月、卒業式も終わり私が事務室で帳簿の整理をしていた。突然肩を「ポン」と叩くものがいた。振り向くと例の生徒だった。そして生徒の口から、「ジャネ」手を上げ去っていく生徒の印象が頭に残っている。

清掃活動をいやがる生徒が嬉々として他人の区域の清掃を率先してやろうとする姿を見て、やはり認められるきっかけが生徒の心を動かしたようだ。

私は生徒は話し掛ければ聞く耳をもっているのではないかと思う。その為には悪い先入感は捨てて対応しなければならない。

生徒との対応できる時間と機会の必要性を強く感じている。

将来を誓い合った小学六年生
——父から聞かされる

今生徒達に将来はと尋ねると全く目的のもてないのが現状だ。親はひたすらに高校へ大学へとそして将来性のある企業と我が子に夢を託す。

私は中学生の時父から聞かされた三人の将来を誓い合った六年生の話を生徒に語った。

小学校の卒業式も無事終わり三人の仲良し少年が自から学んだ教室に集まり最後の別れを惜しんでいた。その時一人の生徒が口を開き二人の友人にお前達将来何になると尋ねた。一人は俺は軍人になりたいなあ！と長い声で答えた。でもなったからには陸軍大将がいい、と、お前はともう一人に尋ねたすると俺は外交官になりたいと言った。二人に尋ねた少年はしばらく声がなかった。二人はすでに外へ出て自分の将来を見て立派な軍人や外交官になることを夢見ていたようだった。

尋ねた少年の口から二人共立派な夢があっていいなあ！　とつぶやくと俺は家庭が農家で家の跡を継がなければと二人をうらやましく思った。でも、じゃあ俺は日本一の立派な百姓になる、と言った。よしその夢を実現しようと互いに誓い三十年後の今日この教室でお互いその証しをもって会うと別れた。

そしてあったという間に一年が過ぎやがて十年、二十年、三十年と月日を迎えやがてその日がやってきた。

当日最初にやって来たのが軍人だった。腰には床に届く程の軍刀を下げた立派な軍人の姿だった。続いてやって来たのが外交官をめざした少年だった。スーツにネクタイ姿の立派な姿だった。ところが日本一の百姓を夢見た少年はやって来ない。二人はあいつは駄目かなと互いに思案していた。しばらくすると道の向こうから誰かやってくると外交官志望だった彼が声を出した。たまたま教室の窓は校門の正面に位置するため人の歩いて来る様が良く見える位置だった。しかし当日はあいにく雨天で人の姿ははっきり確認できなかった。しかもその人はカサをかぶり、ミノを羽織り足はワラジの姿それが次第に校門に近づきようやく教室に入ってきて一声、待たせて悪かった、と陳謝しようやく三人の姿が揃った。じゃこれからその証しを提示しようと外交官が言うと、軍人は軍人であることとの身分証を提示した。外交官もその証しを提示した。そして最後にお前はと声を掛けるとその男は野良着を脱ぎ上半身裸になった。その裸には紫の風呂敷を背負っていた。少年はその風呂敷包みをおろし丁寧に開き中には筒が見えた。中を開けると一枚の立派な農林大臣からの日本一米づくりの表彰状だった。

二人はその男を心から誉めたたえた。そして少年時代をなつかしみ互いに誓い合った事を喜び合い途中座折もあったが人は信念を貫けば達成できるんだという自信を抱き、この年になると二度と会うことはないだろうと、近況の報告をしあうと別れた。

今の若い人達は自分に合った仕事というがそう簡単に得られるものではないかと思う。むしろ自分に合わない職場で研究心をもってその合わない職場に定着できる足がかりをつかむことができるのではと思う。むしろ自分に合わない仕事程達成が得られるのではと私は考えている。

私はその後、就職先の会社をさがしながら訪問し、仕事の内容を設明してもらい学校にもどり報告する。

就職先の会社の方からおほめの言葉をいただき、新潟県の方は大変よく働いてくれるとのことだった。

私は小さい時から人前に出ることのできないタイプだった。厳しい父親に躾けられ育てられたのが引込み思案な成人になったようだ。教育の仕事についたのも親の威光がどちらかといえば強かった。

自分で生徒の前に立って出来るかが不安だった。しかしやむを得ず飛び込んだ道でどうしたら生徒とのつながりをつくっていけるか、一つ達成したら次はどうするか、教育の中でいろいろ課題が出て来る。それの一つ一つを解決していかなくてはと思いながら取り組んできた。ある年輩の女性教師からあなたは不言実行形のタイプですね、と言われたことがあった。どうしてですか、と尋ねたら口でわめくより実践しようとする姿が見える、ということ。これは六日制の時代で取り組める時間が十分取れたことだと思っている。今は五日制が完全実施され十分な生徒との対応がうすれているようで残念でならない。

集団就職の生徒を引率して

昭和四十三年頃中学校を卒業すると東京方面に就職する生徒が多かった。

当時私の勤めた生徒数も多く、一学年十二クラスもあり一クラスの人数もクラスによって四十名から四十三名の編成、全校で一〇〇〇名以上の学校規模だった。

生徒達は、卒業後は農家が多く、高校進学希望者より農家に残るか他の仕事につく生徒が多かった。

卒業式が終わると、翌日は就職を希望する生徒は職業安定所に集合し、安定所の方から説明を受け、夕方近く駅から東京に行く準備になる。

当時は今のような電車ではなく、蒸気機関車で新津から一晩がかりで翌日上野に着く交通機関で、上野に着くと生徒に起こされたことが目にうかんでくる。

出発の時、ホームで娘がお母さんと手を取り合って泣いていた様子が今も忘れられない。

著者プロフィール

石井 克亮（いしい かつすけ）

新潟県生まれ。

教師を体験して

2022年6月15日　初版第1刷発行

著　者　石井 克亮
発行者　瓜谷 綱延
発行所　株式会社文芸社
〒160-0022　東京都新宿区新宿1－10－1
電話　03-5369-3060（代表）
03-5369-2299（販売）

印　刷　株式会社文芸社
製本所　株式会社MOTOMURA

ISBN978-4-286-23761-9